Experiencing Chinese

体验汉语®

拼音课本 Pinyin Book

国际语言研究与发展中心

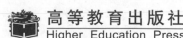

高等教育出版社
Higher Education Press

FOREWORD

Experiencing Chinese Pinyin Book is compiled for elementary students overseas and is suitable for kindergarten and elementary children who are beginners. It can be used both as a textbook and as supplementary material.

This book concludes 24 lessons covering 6 single finals, 30 compound finals, and 21 initials. There is a review for every two lessons for a total of 12 reviews. Each lesson consists of:

1. *Pinyin* part (with an illustration of the positions of the lips)

2. First set of example vocabulary (words with the same initials, finals, and different tones)

3. Second set of example vocabulary (words with the same initials, but different finals and tones)

4. Exercises (The answers to the exercises may be found, written upside down, above or below each exercise.)

The authors of the book carefully choose commonly used Chinese words that can also be used to practice the *Pinyin* of each lesson with the purpose of helping students develop an awareness of the connection between *Pinyin* and the corresponding words.

This book is well organized, approachable, readable and interesting, and has lots of exercises, children's songs, and games. The illustrations and layout of the book are attractive due to variety and a fine combination of pictures and text.

International Language
Research and Development Center
October 2008

前 言

　　《体验汉语拼音课本》是一本专门为海外小学生编写的汉语拼音启蒙课本，适用于初学汉语的小学生和学龄前儿童，既可作为主课本，也可以用作辅助教材。

　　本书包括24课课文，内容涵盖了汉语中的6个单韵母、30个复韵母和21个声母。每两课课文后边附有一个小复习，全书一共有12个小复习。课文的基本体例是：

　　1. 拼音展示（唇形图）

　　2. 例词第一部分（声母和韵母相同，声调不同）

　　3. 例词第二部分（声母相同，韵母和声调不同）

　　4. 练习题（练习题答案倒置于每道题目的上方或下方）

　　本书作者精心选取了那些能够对当课所学拼音进行练习的汉语常用词作为课文中的例词，目的在于帮助学生初步建立起汉语拼音与词义之间的联系。

　　本书内容简单易学，生动有趣，配有大量的练习、儿歌和游戏。教材的插图和版式富于变化，图文并茂，引人入胜。

国际语言研究与发展中心

2008 年 10 月

目录

Contents

Chinese XP

目录

huā

h — initial

ua — final

— — tone

initials
声母表

b p m f
d t n l
z c s
zh ch sh r
j q x
g k h

a o e i u ü
ai ao an ang
ou ong
er ei en eng
ia iao ie iu ian in iang ing iong
ua uo uai ui uan un uang ueng
üe üan ün

finals
韵母表

a o e

a

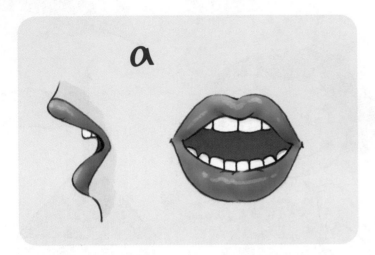 

o

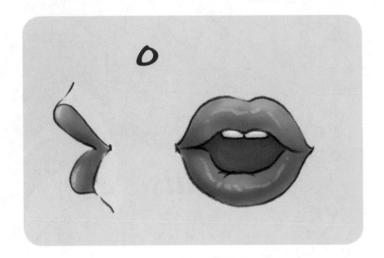 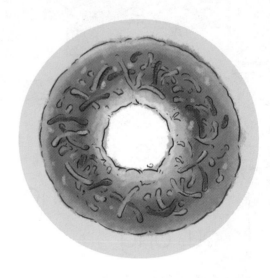

e

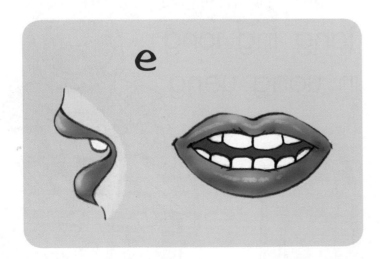 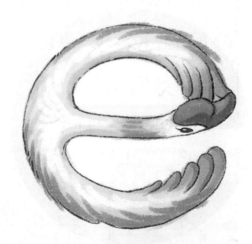

1 a o e

SEP 2 2 2018

1. Let's read 读一读

ā á ǎ à

ō ó ǒ ò

ē é ě è

2. Listen and match 听一听，连一连

Listen and match the finals.　听录音，将字母和字母连线。

i r

n e ng

3. Count and write 数一数，写一写

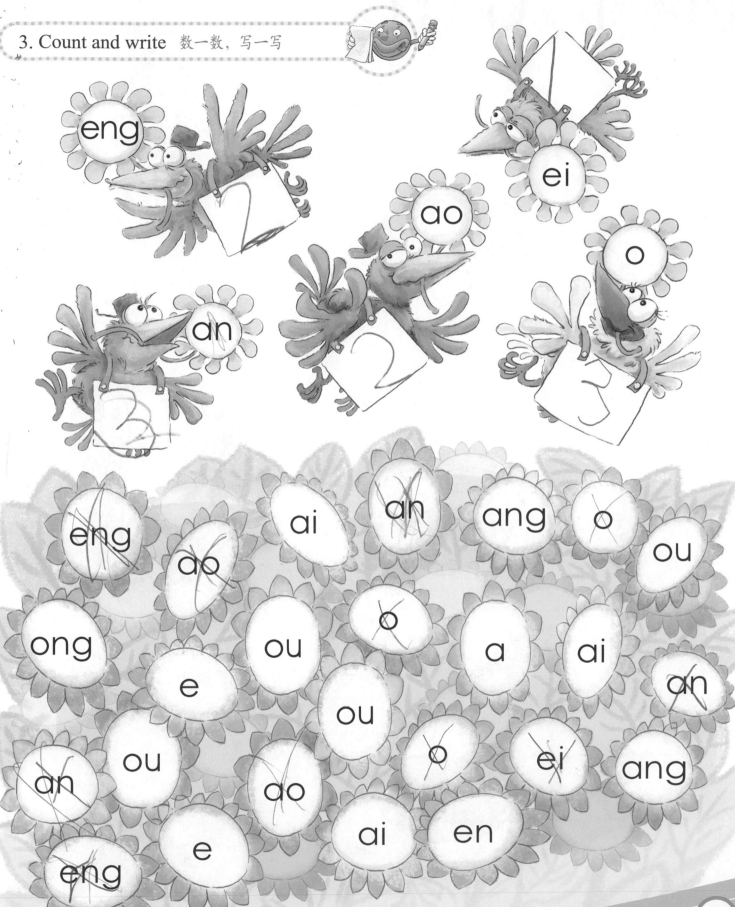

i

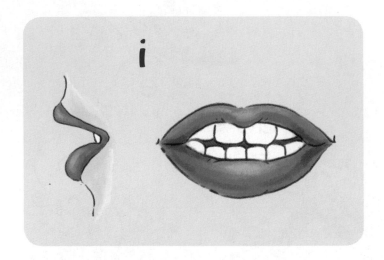

u

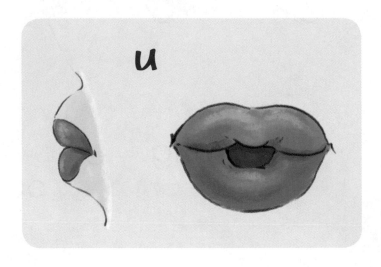

ü

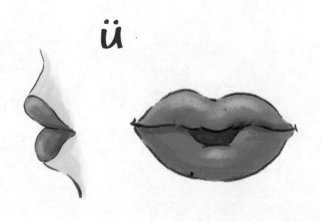

2 i u ü

1. Let's read 读一读

ī	í	ǐ	ì
ū	ú	ǔ	ù
ǖ	ǘ	ǚ	ǜ

2. Listen and match 听一听，连一连

Listen and match the syllables you hear. 听录音，连出听到的音节。

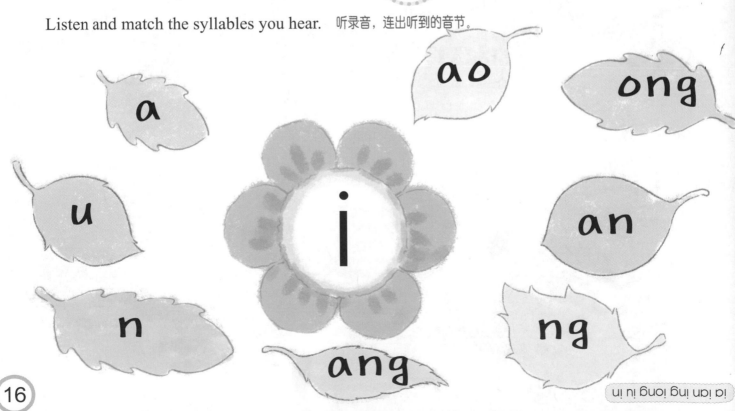

ao

ong

a

i

u

an

n

ng

ang

3. Match and write 连一连，写一写

Please match the goldfish of the same color and write the combined finals on the lines that have the same color.

请将同一颜色的金鱼连线，并将组合的韵母写在横线上。

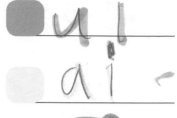 u i

 ao  ai

üe  re

uo

e a r

a e u

a i i

ü o ou

i e o

Review 1

Let's review 复习一下儿

Write the finals beginning with the following single finals in the balls.

请在彩球内添上以下列字母为首的韵母。

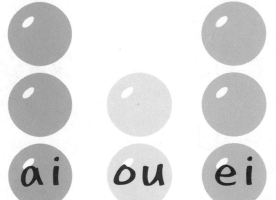

ai   ou   ei

a   o   e

ia   ua   üe

i   u   ü

a–ai ao an ang; o–o ou ong; e–ei en er eng; u–ei üan üe üan ün
i–ia iao ie iu ian iang in ing iong; u–ua uo uai uang ueng ui uan un

Let's have a rest 休息一下儿

Let's sing! 一起唱歌吧!

ā á ǎ à
ō ó ǒ ò
ē é ě è
ī í ǐ ì
ū ú ǔ ù
ǖ ǘ ǚ ǜ

OCT 0 7 2013

b

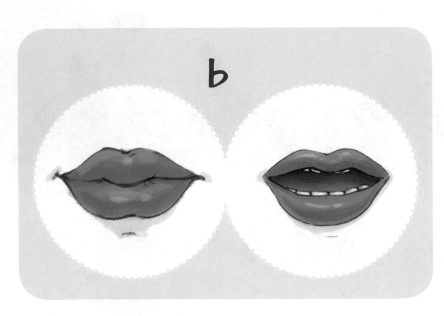

bā
eight

bá
pull

bǎ
handle

bà
dad

bō
wave

bǐ
pen

bān
move

bǐng
pancake

1. Let's read 读一读

bā bá bǎ bà bō bó

bǒ bò bī bí bǐ

bì biē bié biě biè

2. Listen and match 听一听，连一连

Listen and match the initial with the finals.

听录音，将声母和韵母连线。

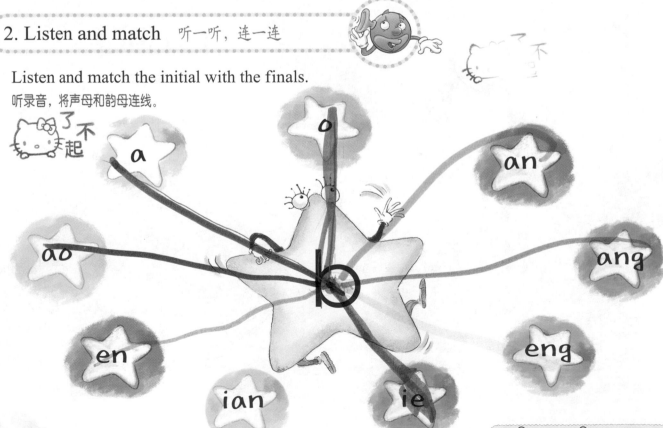

a o an

ao b ang

en eng

ian ie

3. Listen and write 听一听，写一写

Listen and mark the tones.   听录音，给下面的拼音标上声调。

1 ba

2 bo

3 bi

4 ban

5 bing

6 ben

7 bu

4 p

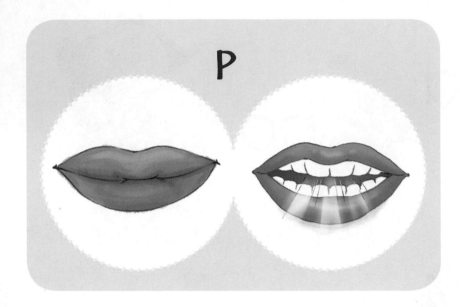

P

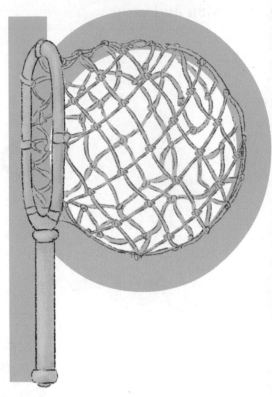

piāo
float

piáo
gourd dipper

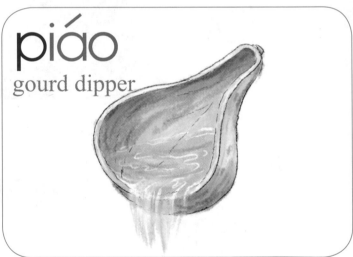

piǎo
peek

piào
ticket

24

pō
slope

píng
vase

pǎo
run

pèng
collide

4 p

1. Listen and color 听一听，涂一涂

Listen and color the syllables you hear in the recording in red.
将听到的音节涂成红色。

pan   pai   pi   ping

pie   po   pu   pen

2. Spell, match, and write 拼一拼，连一连，写一写

p o -   po

p i n g   ping

p e n g   peng

p a o ˇ   pao

3. Listen and match 听一听，连一连

Listen and match the syllables you hear.
听录音，连出你听到的音节。

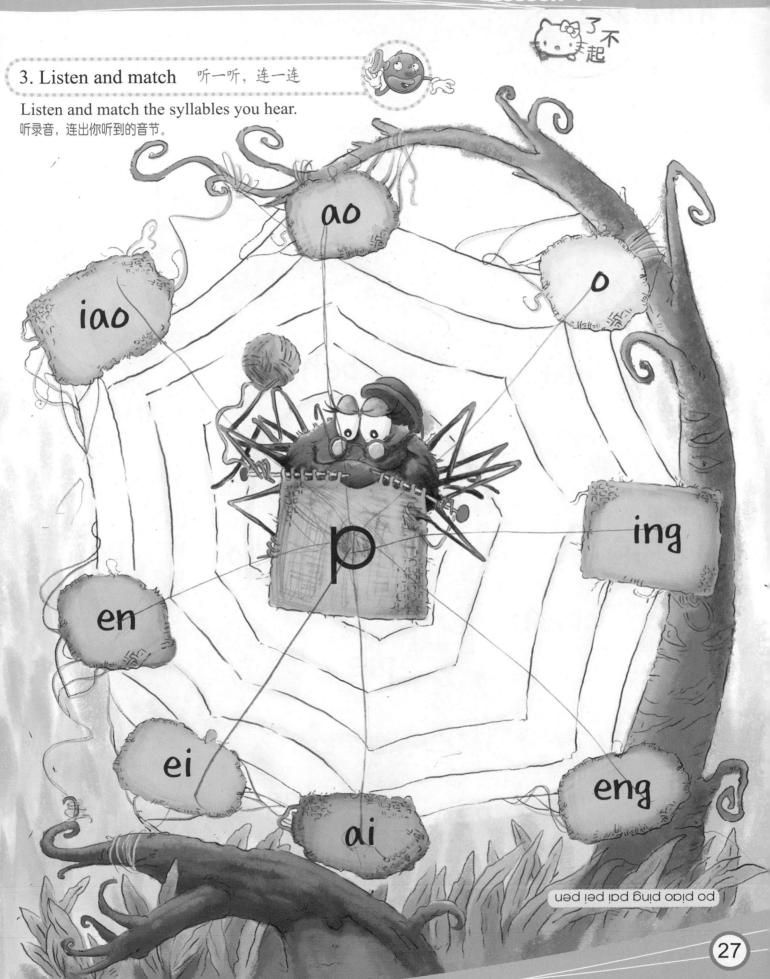

Review 2

Listen and circle. 听一听，圈一圈。

bai

ben

bian

bing

bie

bang

bo

pai

pian

pie

ping

pou

pen

ping

ben ping bie bo pian pai bang

Let's have a rest   休息一下儿

Let's paint together!   一起画画吧！

m

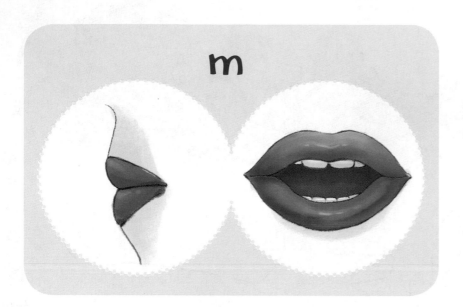

mā
mom

má
hemp

mǎ
horse

mà
curse

māo
cat

mù
wood

mǐ
rice

mén
door

5 m

1. Listen and color　听一听，涂一涂

Listen and color the syllables you hear in the recording in red.　将听到的音节涂成红色。

mao　mie　mu

meng　man　min　mei

mao mu man mei

2. Spell, match, and write　拼一拼，连一连，写一写

m　a　o　-　　māo

m　u　、　　mù

m　i　ˇ　　mī

m　e　n　ˊ　　mén

mī mén māo mù

3. Find and match 找一找，连一连

Please find and connect the "mǎ" in the picture with lines to see what it is.

请将下图中的拼音 "mǎ" 全部找到后，将它们连起来，看看是什么图案？

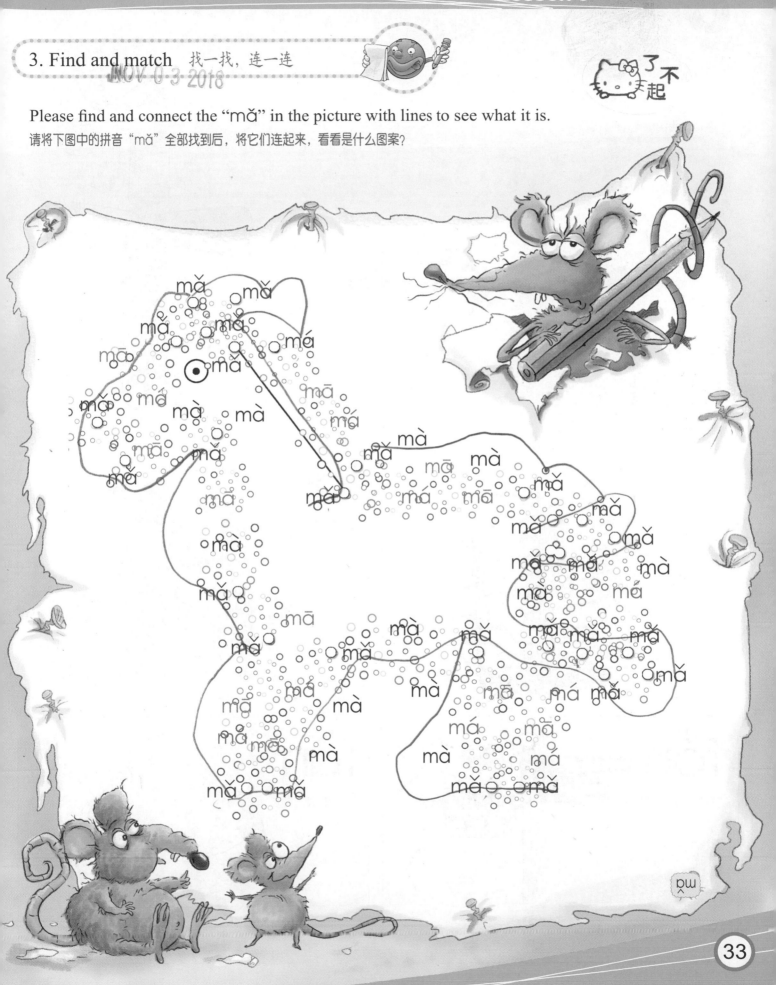

f

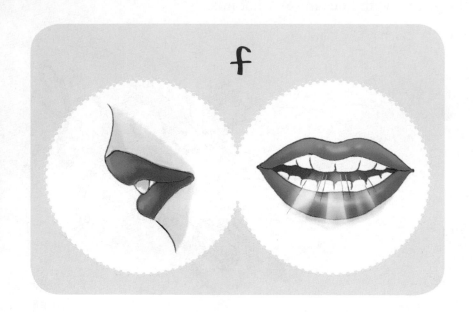

f

fān
sail

fán
annoyed

fǎn
opposite

fàn
rice

fó
Buddha

fēng
bee

fēi
fly

fà
hair

1. Listen and color 听一听，涂一涂

Listen and color the syllables you hear in the recording in red. 将听到的音节涂成红色.

 **fa**

 **fo**

fei

 **fan**

 **fang**

feng

fu

2. Spell, match, and write 拼一拼，连一连，写一写

 f  **o** ·

fó

 **f e n g** -

fēng

 **f e i** -

fēi

 **f a** ·

fā

3. Find and color 找一找，涂一涂

Match the *Pinyin* building blocks with the small pictures and paint them the same color.
找出与小图上对应的拼音积木，并涂上相同的颜色。

Review 3

Let's review 复习一下儿

Listen and color. 听一听，涂一涂。

m

f

fou

man

ma

mu

fu

fo

fa

feng

mei

fei

fang

fan

meng

fang

mo

Let's have a rest 休息一下儿

Look and number the *Pinyin* according to the action of the bears.
看一看，根据小熊的动作为拼音标上序号。

tī ○

tuī ○

tíng ○

tiào ○

d

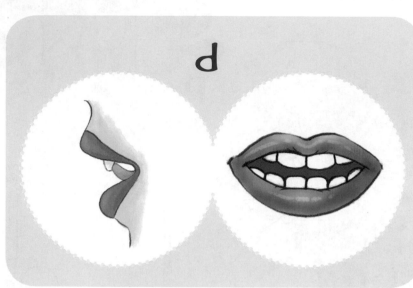

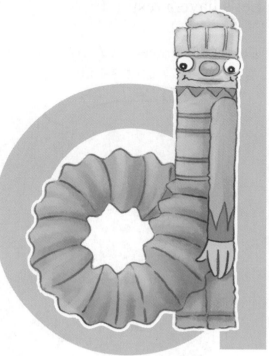

dá
arrive

dā
hang

dà
big

dǎ
hit

dāo
knife

dú
read

dēng
lantern

dì
emperor

7 d

1. Listen and match 听一听，连一连

d

a   ai   ou   ing   ian   un

2. Draw and write 画一画，写一写

dēng

dú

dǎ

dà

3. Look and fill in the blanks 看一看，添一添

Look at the pictures, complete the *Pinyin* with initials, finals and tones. 看图完成拼音。

d

＼

u

dǎ

t

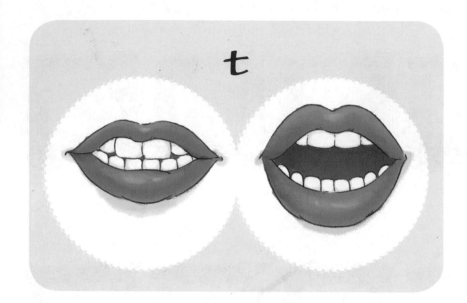

tān
beach

tán
play

tǎn
carpet

tàn
detective

tī
kick

tiào
jump

tíng
pavilion

tuī
push

8 t

100分

1. Listen and match 听一听，连一连

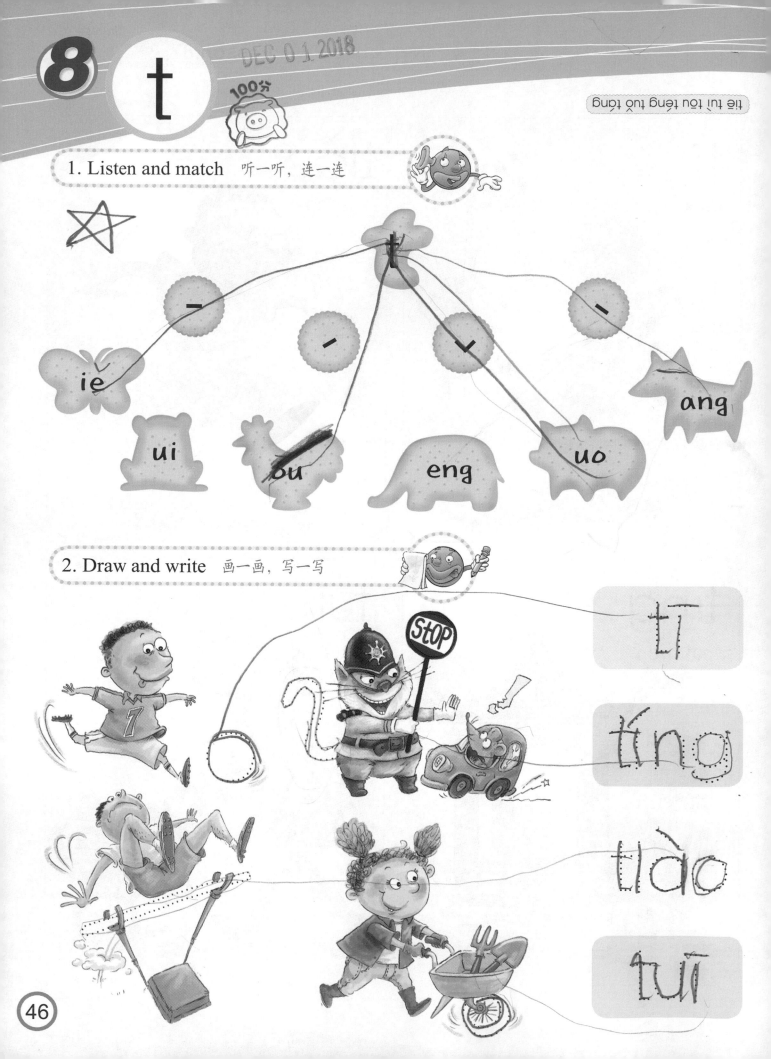

ie

ui

ou

eng

uo

ang

2. Draw and write 画一画，写一写

tī

tíng

tiào

tuī

46

3. Let's do it 做一做

Let's make a pinwheel!　一起做风车吧!

Let's review 复习一下儿

Listen and judge (✓ for true and ✗ for false). 听一听，判断对错。

① dǎ

② tǔ

③ tuī

④ dǒng

⑤ tiān

⑥ tíng

⑦ dēng

⑧ tàn

⑨ dōu

⑩ tuō

Let's have a rest　休息一下儿

Let's sing!　一起唱歌吧!

B b b, p p p.

Bá bá bá, eiyou eiyou bá ya bá.

Pá pá pá, eiyou eiyou pá ya pá.

M m m, f f f.

Màn màn màn, aya aya yì tiáo màn.

Fàn fàn fàn, aya aya yì wǎn fàn.

n

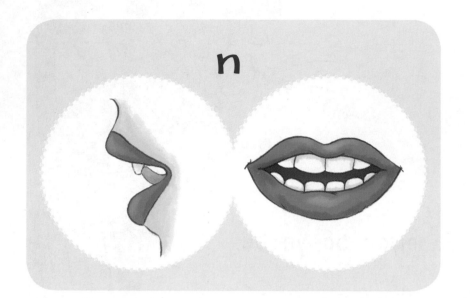

niū
girl

niú
cattle

niǔ
button

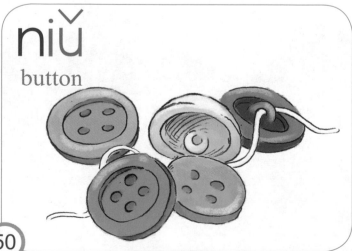

niù
stubborn

niǎo
bird

nuǎn
warm

ná
take

níng
squeeze

9 n

1. Listen and match 听一听，连一连

nián nǎo niú niǔ niu nuǒ niu nǒng

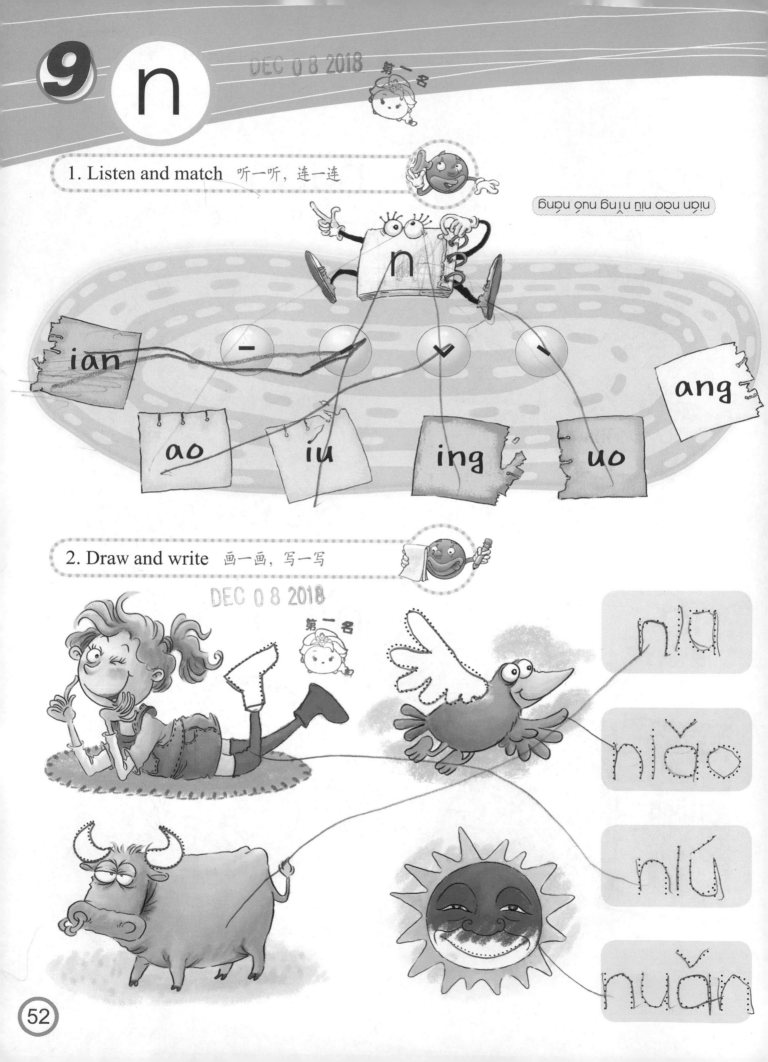

n

─   ˇ   ˋ

ian

ao   iu   ing   uo   ang

2. Draw and write 画一画，写一写

nǚ

niǎo

nlǚ

nuǎn

3. Find and write 找一找，写一写

Paint the numbers 2,4,6,8,10,12,14,16,18 and 20 with the
same color and write what you get in *Pinyin* on the line.

请将图中的2、4、6、8、10、12、14、16、18、20涂成同一颜色，
你会看到什么？用拼音将它的名称写在横线上。

3   13   25

5   9

7   12

1   15   23

4   10

2   16

6

19   14   28   27

8

21

11   30   17

29

18   20

l

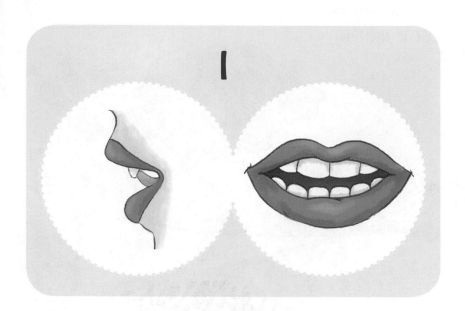

lāo
scoop

láo
labor

lǎo
old

lào
cheese

lí pear

lù dear

lín forest

lóng dragon

l

1. Listen, circle, and read 听一听，圈一圈，读一读

lī	līn	lū	lōng
lí	lín	lú	lóng
lǐ	lǐn	lǔ	lǒng
lì	lìn	lù	lòng

2. Find and match 找一找，连一连

lǎo

lóng

lí

lín

3. Find and read   找一找，读一读

lóng

lí

lǎo

Review 5

3 nǚ   lǚ

1 nǎ   lǎ

2 nìng   lìng

4 nuó   luó

5 nī   lī

6 nuǎn   luǎn

58

Let's have a rest　休息一下儿

Let's sing!　一起唱歌吧！

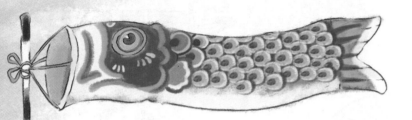

D-ī dī d-ā dā dī dā dī dā dī dā dī.

T-ī tī t-ā tā tī tā tī tā tī tā tī.

N-ī nī n-ā nā nī nā nī nā nī nā nī.

L-ī lī l-ā lā lī lā lī lā lī lā lī.

z

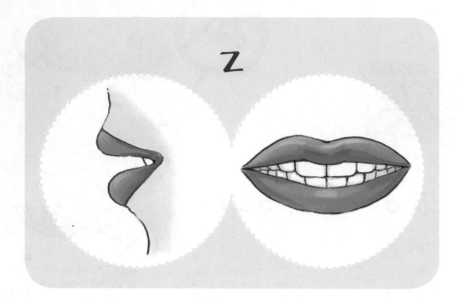

zāo　rotten

záo　chisel

zǎo

bathe

zào

soap

zì Chinese character

zāi plant

zá
strike

zāng
dirty

JAN 1 2 2019

1. Listen, circle, and read 听一听，圈一圈，读一读

zāo	zān	zuō	zū
záo	zán	zuó	zú
zǎo	zǎn	zuǒ	zǔ
zào	zàn	zuò	zù

zǎo zàn zuò zú

2. Find and match 找一找，连一连

zāi

long

záo

bá

lí

字

zì

zāng

3. Listen and write 听一听，写一写

JAN 1 2 2019

Zao

z a
o

Zai

a
z
i

Zu

z
u

o
z
u

Zeng

z e
n g

z
i

合格

C

c

cāi
guess

cái
referee

cǎi collect

cài
vegetable

cí
porcelain

cōng
scallion

cè
test

cù
vinegar

1. Listen, circle, and read   听一听，圈一圈，读一读

cī cí	cāi cái	cān	cuō cuǒ
cǐ cì	cǎi cài	cán	cuó cuò
		cǎn	
		càn	

cí cài cǎn cuó

2. Find and match   找一找，连一连

cài

niǎo

cōng

zǎo

cí

cù

niú

3. Find and match 找一找，连一连

Match the syllables beginning with "c" then you can help Mr. Rabbit find his friend.

请将 "C" 为开头的音连接成线，就能帮小兔子找到好朋友了。

Review 6

Listen and write *Pinyin* in the radishes.　听录音，将拼音写在萝卜上。

c–cāi cáng cí cǎo cuo
z–zài zàng zǐ zǎo zuo

Let's have a rest   休息一下儿

Follow the points to draw the pictures.   连点成画.

zōng xióng

cì wei

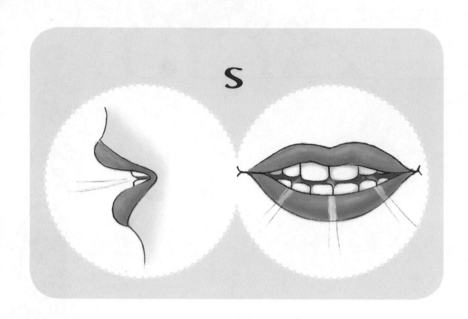

s

sān

three

sǎn

umbrella

sàn

scatter

dà suàn
garlic

sēn lín
forest

sōng tǎ
pinecone

sì miào
temple

1. Listen and match 听一听，连一连

song   san   suo   sang   suan

2. Listen and circle 听一听，圈一圈

① suō   sōu

② sǒng   sǎng

③ sàn   suàn

④ sào   sài

⑤ sēn   sūn

⑥ sú   suí

3. Look and write 看一看，写一写

sēn + lín = _____

sì + miào = _____

dà + suàn = _____

sōng + tǎ = _____

14 sh

sh

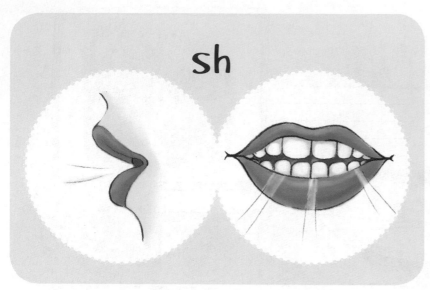

shāo burn

sháo spoon

shǎo not many

shào whistle

shàn zi
fan

shǒu tào
gloves

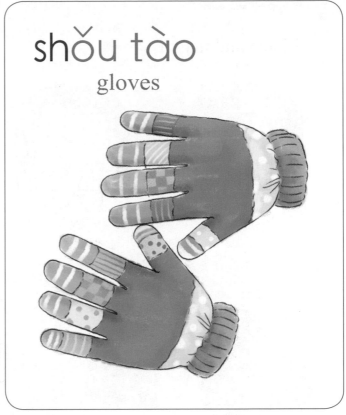

shī zi
lion

shí tou
stone

14 sh

shǎo shān shí shǒu shéi

shao   shan   shi   shou   shei

2. Listen and circle 听一听，圈一圈

bus

① shàn   shèn   ③ shuǐ   shǔ   ⑤ shuō   shōu

② sháo   shóu   ④ shuā   shuō   ⑥ shēn   shēng

①shàn ②shǎo ③shuǐ ④shuā ⑤shuō ⑥shēn

3. Spell and write　拼一拼，写一写

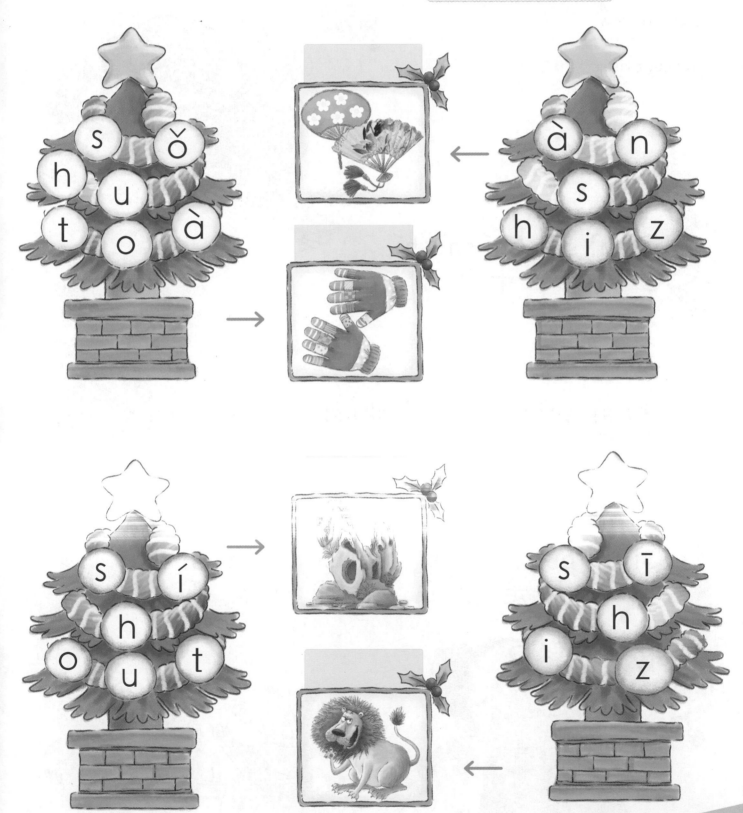

Review 7

Sì shì sì, shí shì shí.
四 是 四， 十 是 十。

Shí sì shì shí sì, sì shí shì sì shí.
十 四 是 十 四， 四 十 是 四 十。

Sì shí bú shì shí sì, shí sì bú shì sì shí.
四 十 不 是 十 四， 十 四 不 是 四 十。

Let's have a rest　休息一下儿

Find the difference!　找不同!

sǎn

shé

shǒu tào

sī jīn

zh

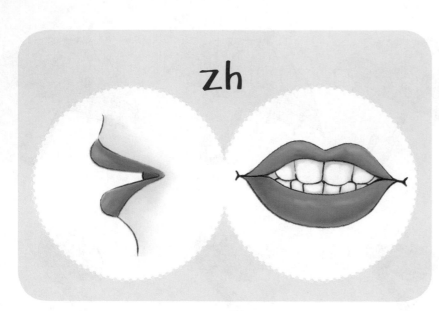

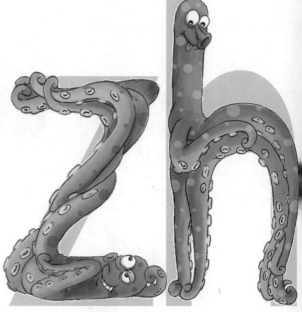

zhū

pig

zhú

bamboo

zhǔ

boil

zhù

pillar

zhī zhū
spider

zhuō zi
table

là zhú
candle

fēng zheng
kite

15 zh

1. Listen and match 听一听，连一连

zhi

zhou

zhui

zheng

zhao

zhōu zhēng zhí zhuī zhǎo

2. Listen and circle 听一听，圈一圈

1	zhèng	zhèn	3	zhǐ	zhǔ	5	zhuā	zhā
2	zháo	zhuó	4	zhūn	zhuī	6	zhàn	zhàng

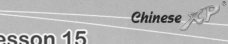
3. Look and write 看一看，写一写

fēngzheng zhū lǎzhú zhú zhuōzǐ zhú húzǐ zhú zhīzhū

ch

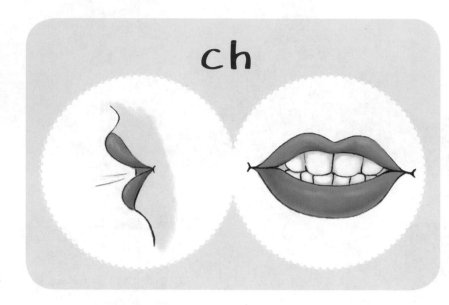

chī   eat

chí

pond

chǐ

ruler

chì

wing

chūn tiān
spring

lún chuán
ship

mǎ chē
cart

chóng zi
worm

16 ch

1. Read and match 读一读，连一连

2. Color and write 涂一涂，写一写

lún chuán   mǎ chē   chóng zi

3. Spell and write 拼一拼，写一写

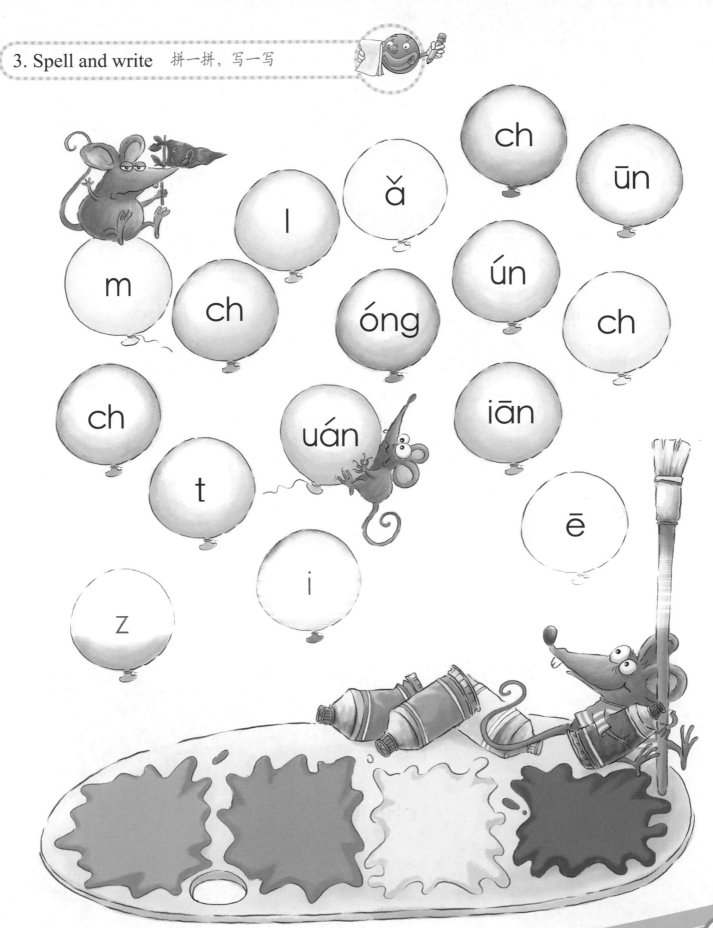

chūntiān ⬤ lúnchuán ⬤ mǎchē ⬜ chóngzi

Let's review 复习一下儿

Listen, and color the sheep with the *Pinyin* that you hear.
听录音，为听到的音节和小羊涂上颜色。

chí

zhá

chá

zhí

zhēn

chōng

zhōng

chēn

zhuī

chuī

Let's have a rest 休息一下儿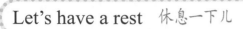

Paper-cuts. 剪纸。

chuāng huā
窗　花

r

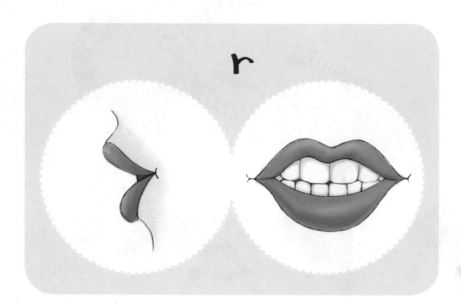

rāng
yell

ráng
pulp

rǎng
soil

ràng
offer

ràng zuò
yield a seat

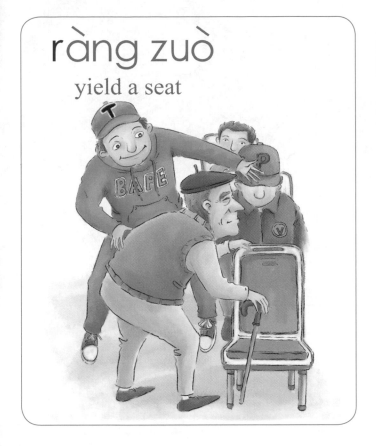

yán rè
hot

huā ruǐ
pistil

rì bào
daily

MAR 0 9 2019

1. Read and match 读一读，连一连

r

áng   áng   ǎng   àng

2. Correct, write, and say 改一改，写一写，说一说

ràgn zuò	yán èr	hāu ruǐ	rì àob
↓	↓	↓	↓
ràng zuò	Yán rè	húq ruǐ	rì bào

3. Listen and mark the tones 听一听，标声调

j

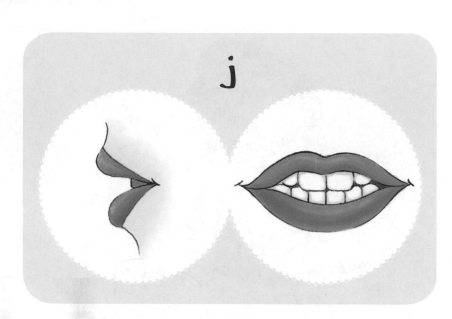

jū colt

jú

chrysanthemum

jǔ

lift

jù saw

gōng jī
cock

jiǎn zhǐ
paper-cut

jǐng chá
policeman

jú zi
orange

18 j

1. Read and match 读一读，连一连

j

ū　　ú　　ǔ　　ù

2. Color and write 涂一涂，写一写

gōng jī

jiǎn zhǐ

3. Write and find 写一写，找一找

Write *Pinyin* in the blanks, and say which road is the
shortest route for the police man to catch the thief.

请在汽泡内填上拼音，并说说哪条路是追到小偷最近的路。

jǐng chá

gōngjī jiānzǐ júzi

MAR 0 9 2019

Let's review   复习一下儿

Look, match, and write. 看一看，连一连，写一写。

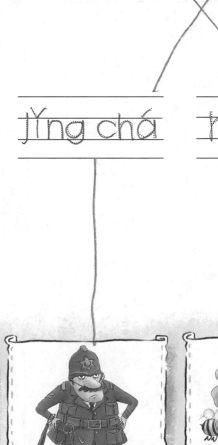

jú zi   jiǎn zhǐ   jǐng chá   huā ruǐ

Let's have a rest   休息一下儿

Let's do it.   做一做。

zá jì xiǎo rén
杂 技 小 人

q

q

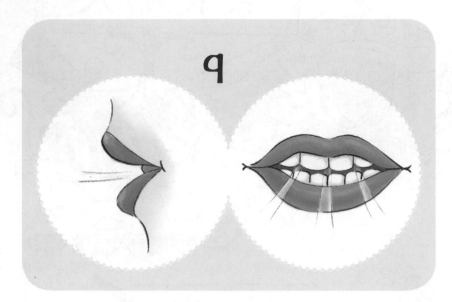

qī
seven

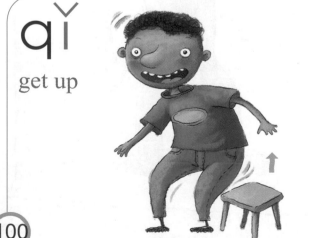

qí
ride

qǐ
get up

qì
vapor

qì chē
car

zú qiú
football

kǒng què
peacock

qīng tíng
dragonfly

19 q

1. Listen and circle 听一听，圈一圈

① (qiāo) qiáo	③ qiē qiè	⑤ qīng (qǐng)
② quē què	④ qiū (qiú)	⑥ qù qǔ

①qiāo ②què ③qiē ④qiú ⑤qǐng ⑥qù

2. Look and write 看一看，写一写

q ì

q ī

zú qi ú

q ì ch ē

102

3. Color and write   涂一涂，写一写

qīng tíng

kǒng què

X

x

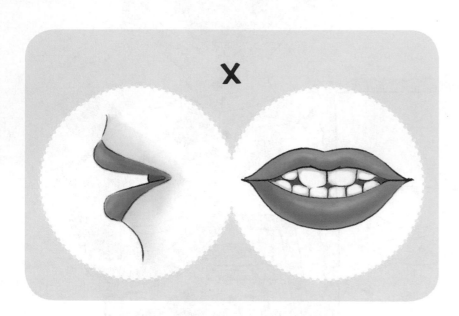

xiē
scorpion

xié
shoes

xiě
write

xiè
thank

xìn fēng
envelope

xīng xing
star

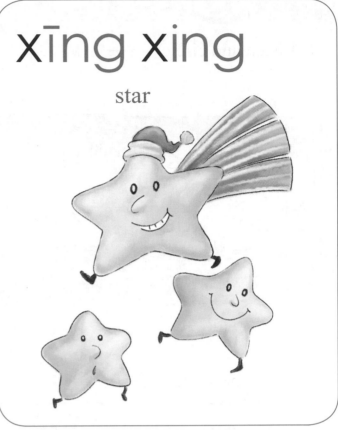

xiāng shuǐ
perfume

xióng māo
panda

20 Ⓧ

1. Listen and circle 听一听，圈一圈

1	xiē	(xié)
2	(xuě)	xuè
3	xí	xì
4	xuān	(xuǎn)
5	(xīng)	xíng
6	(xiū)	xiǔ

2. Look and write 看一看，写一写

xié

xié

xiāng shuǐ ✓

xióng māo

3. Find and match　找一找，连一连

MAR 1 6, 2019

- jiǎnzhǐ jùzi gōngjī
- xióngmāo xiàngshuǐ xiè
- qìchē kǒngquè zúqiú qīngtíng

Let's review 复习一下儿

Write and color. 写一写，涂一涂。

Write *Pinyin* and color the pictures according to the color of the three *Pinyin* letters. 请填写拼音，然后再根据下面三个拼音字母的颜色为图画涂色。

j

q

jújj

q

q

q

q

j

j   q   x

Let's have a rest 休息一下儿

Paper folding. 折纸。

xìng yùn xīng
幸 运 星

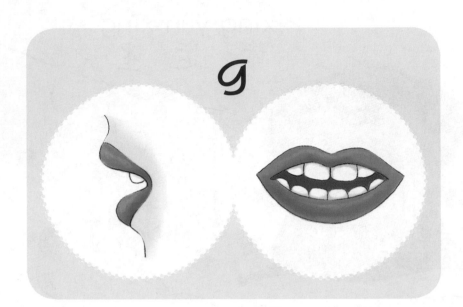

guō
pot

guó
country

guǒ
fruit

guò pass

gē zi pigeon

gōng rén
worker

dàn gāo cake

xī guā watermelon

1. Listen and circle 听一听，圈一圈

① guī **guì**

② **gǎi** gài

③ **gōng** gòng

④ **gēn** gèn

⑤ gāo **gǎo**

⑥ **guān** guǎn

①guī ②gǎi ③gōng ④gēn ⑤gǎo ⑥guǎn

2. Look and write 看一看，写一写

gu___o

gu___o

dàngāo

gōngrén

guō guǒ dàngāo gōngrén

3. Find and write 找一找，写一写

There are four pictures on the body of the worm. Find the *Pinyin* of the same picture in the form and make a word with them.

毛毛虫身上有四种图案，请找出表格中相同图案里的拼音，用它们组词。

k

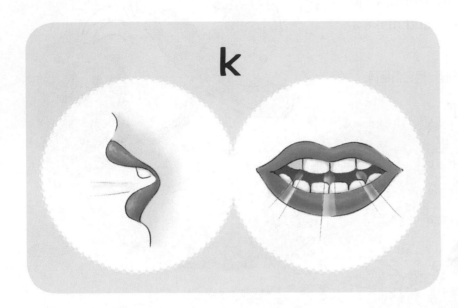

k

ké shell

kè crack

kē
knock

kě
thirsty

kàn bìng
see a doctor

kā fēi   coffee

kù zi   pants

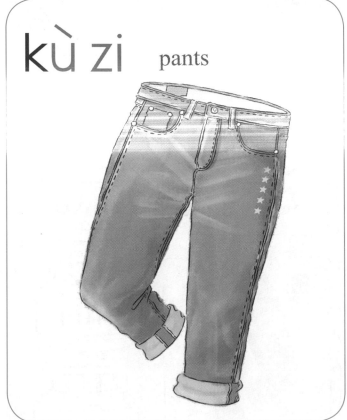

kǒu zhào   mask

k

1. Listen and write 听一听，写一写

Listen and mark the tones. 听录音，给下面的拼音标上声调。

ka   ke   kú   kěn   kǒng   kūan

 kǎ kē kú kěn kǒng kuān

2. Find and color 找一找，涂一涂

kù

kǒu

kā

kàn

fēi

zhào

bìng

zi

3. Listen and fill in the blanks 听一听，填一填

① k_ǎ_

② k_é_

③ k_ā_i

④ ku_o_

⑤ k_o_ng

⑥ k_u_i

⑦ k_ā_o

⑧ k_e_n

⑨ k_u_n

①kǎ②ke③kai；④kuo⑤kong⑥kui；⑦kao⑧ken⑨kun

Review 11

Let's review 复习一下儿

Listen and circle. 听一听，圈一圈。

① gé ké

② gǔ kǔ

③ guò kuò

④ gǒu kǒu

⑤ guī kuī

⑥ gēng kēng

①gé②gǔ③kuò④gǒu⑤kuī⑥kēng

Let's have a rest　休息一下儿

Make a Monkey King mask.　学做美猴王面具。

sūn wù kōng
孙 悟 空

h

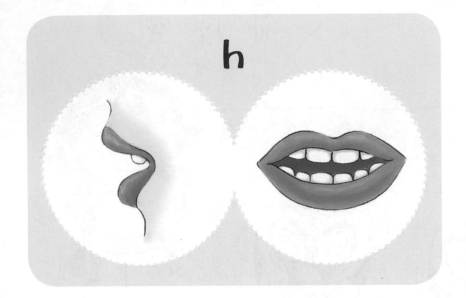

hān
snore

hán
cold

hǎn
shout

hàn
sweat

lǎo hǔ
tiger

hú li
fox

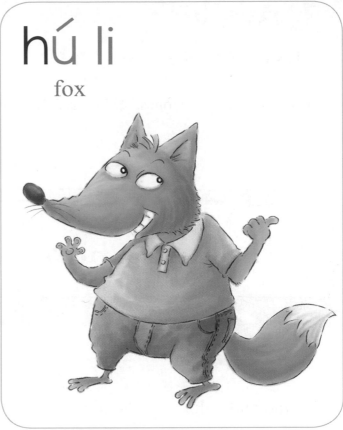

hé mǎ
hippo

hóu zi
monkey

23 h

1. Listen and write   听一听，写一写

Listen and mark the tones.   听录音，给下面的拼音标上声调。

| hai | hen | huo | hui | hao | hong |

hǎi hěn huǒ huì hǎo hóng

2. Find and color   找一找，涂一涂

lǎo

hóu

hú

hé

mǎ

hǔ

li

zi

lǎohǔ ● huì ● hémǎ ● hóuzi

3. Color and write   涂一涂，写一写

tǎo hǔ

hú li

hé mǎ

hóu zi

Review 12

Let's play 活动一下儿

Please help the cat policeman find a road to catch the mouse thief. 请帮助猫警官找到一条路, 捉到老鼠小偷。

Let's have a rest   休息一下儿

Let's sing together!   一起唱!

a o e i u ü

b p m f d t n l

g k h j q x

zh ch sh r z c s

a o e i u ü

b p m f d t n l

g k h j q x

zh ch sh r z c s

你来唱，我来唱，a o e 的歌。

Test

1. Listen and write the finals 听一听，写韵母

a ao ai an	o ou ong	
e ei, en er	i ia in iu	
u ua, uo ui	ü üe üan ün	

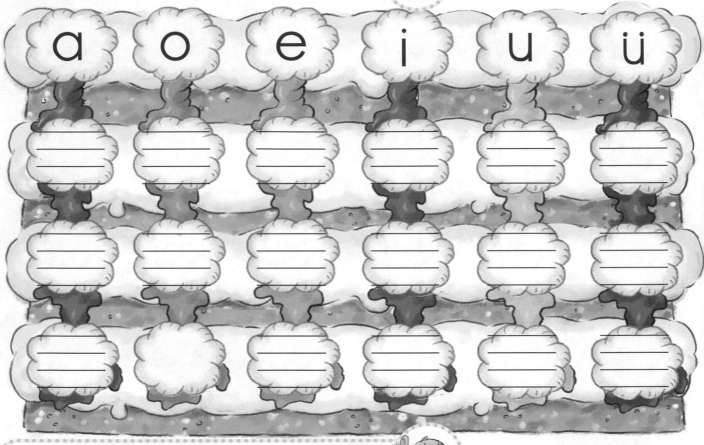

a o e i u ü

2. Listen and write the initials 听一听，写声母

b   m   t

n   z c

zh ch sh r

q x   k

p t d l s j g h

3. Listen and write 听一听，写一写

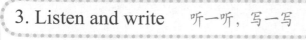

___ǎn   ___ū   ___ié   ___uō

___ú ___iú   ___ǎo ___ǔ   ___ún ___uán   ___uō ___i

sàn zhǔ guǒ zúqiú lóuhǔ lúnchuán zhuōzi

4. Find and match 找一找，连一连

sì miào

mǎ chē

shàn zi

jiǎn zhǐ

xīng xing

hé mǎ

Test

5. Listen and circle 听一听，圈一圈

① gē   hē

② bó   pó

③ sì   rì

④ juǎn xuǎn

⑤ mǐ   nǐ

⑥ zuàn zhuàn

⑦ zhù   shù

⑧ dōu   tōu

⑨ bá   pá

6. Listen and choose 听一听，选一选

Listen and tick the word you hear. 听一听，在正确的拼音前打√。

① □ qì chē
  □ qì cē

② □ shǒu tào
  □ shòu dào

③ □ kù zi
  □ kù zhì

④ □ shǎn zi
  □ shàn zi

⑤ □ mèn
  □ mén

⑥ □ ní
  □ lí

⑦ □ bǐ
  □ lǐ

⑧ □ lóng
  □ lǒng

7. Find, color and write 找一找，涂一涂，写一写

Color the animals in the picture according to the small pictures, and write the *Pinyin*.　请根据小图的提示将大图中的动物涂上颜色，并写出拼音。

图书在版编目 (CIP) 数据

体验汉语拼音课本：中英 / 国际语言研究与发展
中心 . —北京：高等教育出版社，2008.11
　ISBN 978-7-04-025875-2

　Ⅰ. 体⋯　Ⅱ. 国⋯　Ⅲ. 汉语－对外汉语教学－教材
Ⅳ.H195.4

　中国版本图书馆 CIP 数据核字（2008）第 175993 号

策划编辑　周　芳　　**责任编辑**　金飞飞　鞠　慧　　**责任印制**　朱学忠

出版发行	高等教育出版社	购书热线	010 - 58581350
社　　址	北京市西城区德外大街 4 号	免费咨询	800 - 810 - 0598
邮政编码	100120	网　　址	http://www.chinesexp.com.cn
总　　机	010 - 58581000		http://www.hep.com.cn
经　　销	蓝色畅想图书发行有限公司	网上订购	http://www.chinesexp.com.cn
印　　刷	北京佳信达艺术印刷有限公司		http://www.landraco.com
		畅想教育	http://www.widedu.com
开　　本	889×1194　1/16		
印　　张	8.25	版　　次	2008 年 11 月第 1 版
字　　数	200 000	印　　次	2008 年 11 月第 1 次印刷